Samuel Erlandson

2008

ORGAN WORKS

CÉSAR FRANCK

ORGAN WORKS

CÉSAR FRANCK

Dover Publications, Inc., New York

This Dover edition, first published in 1987, is a republication in one volume of *Œuvres complètes pour orgue*, originally published in four volumes by Editions Durand & Cie, Paris, n.d. A new glossary of French terms and a new table of contents have been added.

Manufactured in the United States of America
Dover Publications, Inc., 31 East 2nd Street, Mineola, N.Y. 11501

Library of Congress Cataloging-in-Publication Data

Franck, César, 1822–1890.
[Organ music]
Organ works.

Reprint. Originally published: Oeuvres complètes pour orgue. Ed. originale. Paris : Durand ; Bryn Mawr, U.S.A. : T. Presser Co., 197–.

Contents: Six pièces (1860–62). Fantaisie in C major, op. 16 ; Grande pièce symphonique, op. 17 ; Prélude, fugue et variation, op. 18 ; Pastorale, op. 19 ; Prière , op. 20 ; Final, op. 21—Trois pièces (1878)—Trois chorals (1892).

1. Organ music.
M7.F66 D68 1987 87-752178
ISBN 0-486-25517-4

Contents

Glossary of French Terms

accouplement, accoup^{t}., coupling; *accouplés*, coupled; *accouplez*, couple; *ajoutez*, add; *anches*, reeds; *animez*, accelerando; *arriver*, arrive, reach; *avec*, with; *beaucoup*, considerably; *certaine*, certain; *ceux*, those; *chanté*, singing; *chaque*, each; *clavier*, manual; *désaccouplez*, uncouple; *double plus vite*, twice as fast; *élargissant, en élargissant*, broadening; *excepté*, except; *expressif*, expressively; *façon*, way, *de façon à*, so as to; *fonds*, foundation stops*; *G.O.*, grand orgue; *~~G.O.~~*, remove stops from grand orgue; *graduellement*, gradually; *Grand-Chœur*, full organ; *hautbois*, oboe; *jeu, jeux*, stop, stops**; *largement*, grandly, broadly; *liberté*, freedom; *lié*, legato; *long*, long; *mesure*, rhythm; *mesuré*, measured; *mettez*, add [a stop]; *mouv[emen]t du commencement*, tempo primo; *ôtez*, remove [a stop]; *ou*, or; *P.*, positif; *peu, un peu*, a little; *pieds*, feet; *plus . . . que*, more . . . than; *précédemment*, previously; *preparé*, prepared; *prestant*, principal [stop]; *quelques*, some; *R.*, récit; *remettez*, add [a stop] again; *retenez*, rallentando; *sans*, without; *séparés*, uncoupled; *séparez*, uncouple; *soutenu*, sustained; *successivement*, successively; *supprimez*, remove; *tirasses*, couplers to pedal; *toujours*, remain on [a manual], steadily; *tous*, all; *tremblant*, tremulant; *très*, very.

**Fonds* alone indicates 8- and 4-foot nonreed stops; *fonds 8* indicates only 8-foot nonreed stops; *fonds 8 et 16* indicates only 8- and 16-foot nonreed stops.

***Jeux d'anches* refers to all 8- and 4-foot reed stops. *Jeux de fonds* refers to all nonreed stops: 16-, 8-, and 4-foot.

ORGAN WORKS

CÉSAR FRANCK

SIX PIÈCES

Fantaisie in C major

R. Fonds de **8** pieds et Hautbois.
P. Fonds de **8** pieds.
G.O. Fonds de **8** pieds.
PED. Fonds de **8** et **16** pieds.
Claviers accouplés.
Tirasses.

a Tempo
P.
G.O.

Ajoutez les jeux d'Anches du R.
et les Fonds de 16 pieds
cresc.
dim.
G.O.
Animez beaucoup
R.
Retenez
Poco rall.
f
ôtez les Anches du R.
R.
espress.
Rall.

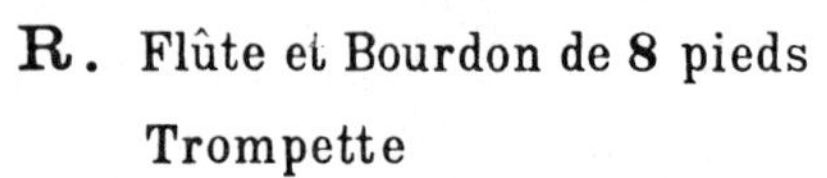
R. Flûte et Bourdon de 8 pieds
Trompette
P. Flûte de 8 pieds
G.O. Flûte de 8 pieds
PED. Flûte de 8 et 16 pieds
Claviers séparés

Allegretto cantando
R.
dolce
P.

cresc.
dim.

più f

p
cresc.
dim.
p
cresc.
dim.
p

G.O.
R.
P.
G.O.
P.

R.
rf
rf
dim.
R.
p
P.
rf
R.

P.
rf
molto cresc.
dim.
G.O.
cresc.
f
dim.
pp

Rall.
R. Quasi lento
a Tempo
pp
P.
Poco rall.
f
Tirasse
du G.O.
dim.
Otez la Tirasse

Rall.

Quasi lento
R. Fonds de 8 pieds Hautbois et
Jeux d'Anches.
P. Fonds de 8 et 16
G.O. Fonds de 8 et 16
PED. Fonds de 8 et 16
Claviers accouplés
Tirasses.
G.O.
molto cresc.
f
dim.
p

Adagio
R. Voix humaine, Bourdon, Flûte et Gambe de 8 pieds.
P. Bourdon de 16.
PED. Bourdon de 16, 8 et 32.
Accouplement du R. au P.
R.
poco cresc.

pp
più cresc.
pp
P.
R.
P.
R.
Rall.

Grande Pièce Symphonique

R. Tous les Fonds de **8** pieds et Hautbois.
P. Tous les Fonds de **8** pieds.
G.O. Tous les Fonds de **8** pieds.
PED. Tous les Fonds de **8** et **16** pieds.
Claviers accouplés.
Tirasses du **G.O.**

G.O. a Tempo
P.
R.
Quasi ad libitum
Rall.
R.
più f
Rall.
più dolce

P. a Tempo
G.O.
cresc.
Ajoutez les 16 pieds et les
jeux d'Anches du récit.
dim.
G.O.

cresc.
dim.
molto cre - - scen - - do
f
dim.
pp molto cresc.
Ajoutez successivement les jeux d'Anches à chaque clavier de façon à arriver graduellement au Grand-Chœur.

Allº non troppo e maestoso
Gd. CHŒUR
ff
pp
R.

R.
poco
cresc.
dim.
cresc.
p

cresc.
mf
cresc.
G.O.
ff
G.O.

Otez les Anches
du G.O.

Anches
du G.O.
Anches
du G.O.

Anches
G.O.
Anches
G.O.
Anches
G.O.
Otez tous les jeux
d'Anches excepté
ceux du R.
f
dim.
p
R. pp
pp
3
pp

Accelerando poco a poco
poco cresc.
dim.
pp
P.

sempre pp

cresc.
pp
R.
sempre pp

P.
P.
molto sostenuto

cresc.
f
dim.
p
Fonds de R. et Hautbois
ôtez anches R.
R.
ad libitum
ppp
3
Rall.
Molto lento

R. Fonds et jeux d'Anches.
P. Cromorne 8, Bourdon 8, Flûte 8.
GO. Fonds 8 et 16.
PED. Fonds 8 et 16.
Claviers séparés.
Tirasses du G.O.
Andante
P.
R. p
R.
P.
R.

P.
R.
P.
R.
P.
R.
P.

R.
P.
R.
R.
P.
R.
P.
Rall.

R. Flûte de 8, Bourdon 8, Clairon 4, Hautbois 8.
P. Bourdons de 8 et 16, Flûte 8
PED. Flûte de 8 et 16.
Accouplement du **R.** au **P.**
Tirasses du **P.**

cantando

cantando

1 2 1 3 1 2

Otez le Clairon du R.
Andante
R.
pp
R.
R. Voix céleste
P. Voix céleste
PED. Flûtes 8, 16, 32.
Accoupt du R. au P.
P.
R.
Otez le
32 p.

P.
3
Rall.
Poco più lento
R.
Mettez les 32 p.
Rall.
pp

All° non troppo e maestoso
R. Fonds de 8 pieds
et Hautbois
P. Fonds de 8 pieds
G.O. Fonds de 8 pieds
PED. Fonds de 8 et 16 pieds
Claviers accouplés
Tirasses du G.O.
f
Andantino serioso
G.O.
P.
p
p
dim.
Rall.
a Tempo
Rall.
All° non troppo e maestoso
f

Allegro
R. Fl. et Bourdon de 8
Hautb. Clairon.
P. Fl. et Bourdon de 8
Bourdon de 16
Accoupt du R. au P.
pp
P.
Poco lento
pp
cresc.
R. Voix céleste
P. Fonds de 8 et 16
G.O. Fonds de 8 et 16
Accoupt du R. au P.
et du P. au G.O.
Rall.
Andante
R.
ppp
R.
ppp
Très lent
Otez la Tirasse

Très lent
Fonds et Hautb.
R.
R.
P.
Animez
Jeux d'anches au R.
cresc.
f Anches du P.
R. Tirasses du P. et du G.O.
P.
Anches des Ped.
Beaucoup plus largement que précédemment
G.O.
ff
Gd Chœur
ff
G.O.
ff

tr
Ped: des 8ves graves
à tous les claviers.

Rall.
a Tempo

Prélude, Fugue et Variation

R. Bourdon de **8** pieds, Flûte de **8** pieds, Hautbois de **8** pieds.
P. Flûte de **8** pieds.
G.O. Bourdon de **8** pieds.
PED. Flûtes de **8** et **16** pieds.
Claviers séparés.

più f
Poco rall.
a Tempo
espress.
dim.

f
p
cresc.
f
dim.

più f
P.
f
Ajoutez un jeu de 8 ou de 4 pieds
à la pédale
dim.
Otez le jeu de 8 ou de 4 pieds

pp
G.O.
Rall.
pp
Lent
R. Fonds de 8 et 4 pieds
Anches de 8 et 4 pieds
P. Fonds de 8 et 16 pieds
Prestant
G.O. Fonds de 8 et 16 pieds
Prestant
PED. Fonds de 8 et 16 pieds.
Claviers accouplés.
Tirasses.
G.O.
mf
f

Allegretto ma non troppo
R. Fonds et Hautbois de 8 pieds.
P. Fonds de 8 pieds.
G.O. Fonds de 8 pieds.
PED. Fonds de 8 et 16 pieds.
Claviers accouplés.
Tirasses.
G.O.
sempre cantando

P.
P.
cresc.
dim.

G.O.
G.O.
cresc.
f
dim.
3 5 4
5

En élargissant un peu
a Tempo
cresc.
f
Ajoutez les Fonds de 16 pieds
et les Anches R.
Rit.
cresc.
f

R. Bourdon 8, Flûte 8 pieds
Hautbois de 8 pieds.
P. Flûte de 8 pieds
G.O. Bourdon de 8 pieds
PED. Flûtes de 8 et 16 pieds
Claviers séparés.

più f

dim.
p
cresc.
f

p
5
4
5
4
5
4
5
f

Ajoutez un jeu de 8 ou de 4 pieds à la ped.
dim.
Otez le jeu de 8 ou de 4 pieds
pp

pp
Poco rall.

Pastorale

R. Hautbois, Flûte de 4, Bourdon de 8.
P. Bourdons de 8 et de 16
PED. Bourdons de 8 et de 16
Accouplement du **R.** au **P.**

R.
P.
cresc.
pp
R.
P.
R.
P.

R.
cresc.
dim.
f
dim.
pp

Quasi allegretto
Rall.
P.
Ajoutez la Tromp. du R.
Tirasses du P.
p
R.
R.
pp staccato
simile

poco rinf.
dim.
sempre staccato
rf
dim.
simile
pp

legato e cantabile

Poco rit.
cresc.
pp
a Tempo
P.
simile

cresc.
f
R.
simile

sempre staccato
P. dolce
cantabile
cresc.
f
dim.
p

Otez la Tromp. du R.
Poco rall.
Otez les Tirasses
Andantino
R. pp
P.
toujours R.

toujours P.
R.
cresc.
dim.

P.
f
dim.
Poco rall.
a Tempo
R.
mf
pp
Rall.
pp

Prière

R. Fonds de 8 pieds et Hautbois.
P. Fonds de 8 pieds.
G.O. Fonds de 8 pieds.
PED. Fonds de 8 et de 16 pieds.
Claviers accouplés
Tirasses du G.O.

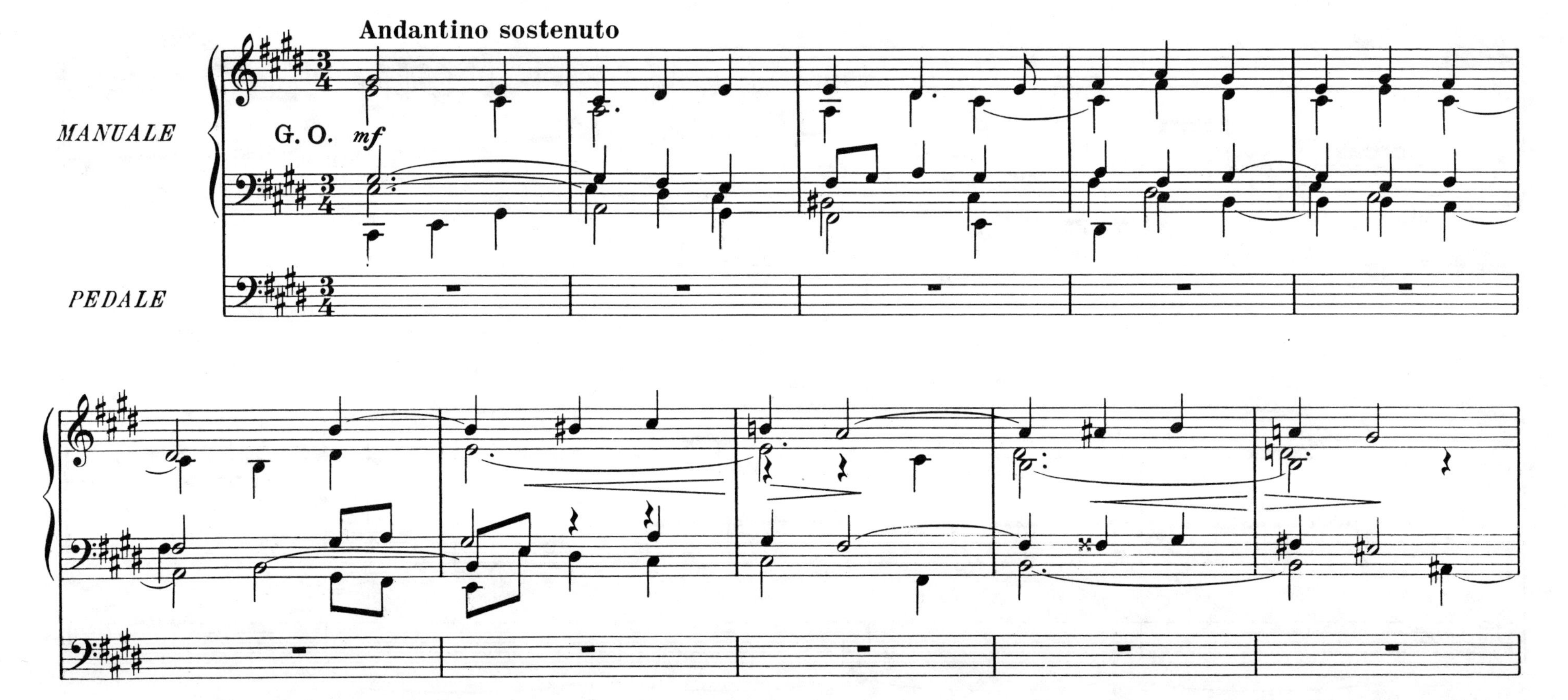

dim.
cre - scen - do
f
f

P.
G.O.
G.O.
cresc.
dim.
p
3
3

cresc.
f
dim.
Toujours G.O.
p cantando
P.

cantando
sempre cantando
sempre cantando

espress.
G.O.
cresc.
f
dim.
p

P.
P.
G.O.
G.O.

cresc.
f
dim.
Rall.
P.
Quasi recitativo
Ajoutez la Tromp. du R.
R. p

avec une certaine liberté de mesure
Otez la Trompette
G.O.
G.O.
cresc.
P.
dim.
p
Ajoutez la Trompette
R.
Toujours avec une certaine liberté de mesure
Otez la Trompette
G.O.
f
mf
G.O.

Rall.
R.
p
P.
R.
mf
dim.
cresc.
f
Rall.
a Tempo très mesuré
G.O.
f
G.O.
m.d.
m.g.

m.d.
Très expressif et très soutenu
dim.
p
chanté

Ajoutez la Tromp.
du R.
cresc.

f
dim.
P. Otez la Tromp. du R.

G.O.
Ajoutez la Tromp. du R.
cresc.
f

dim.
p

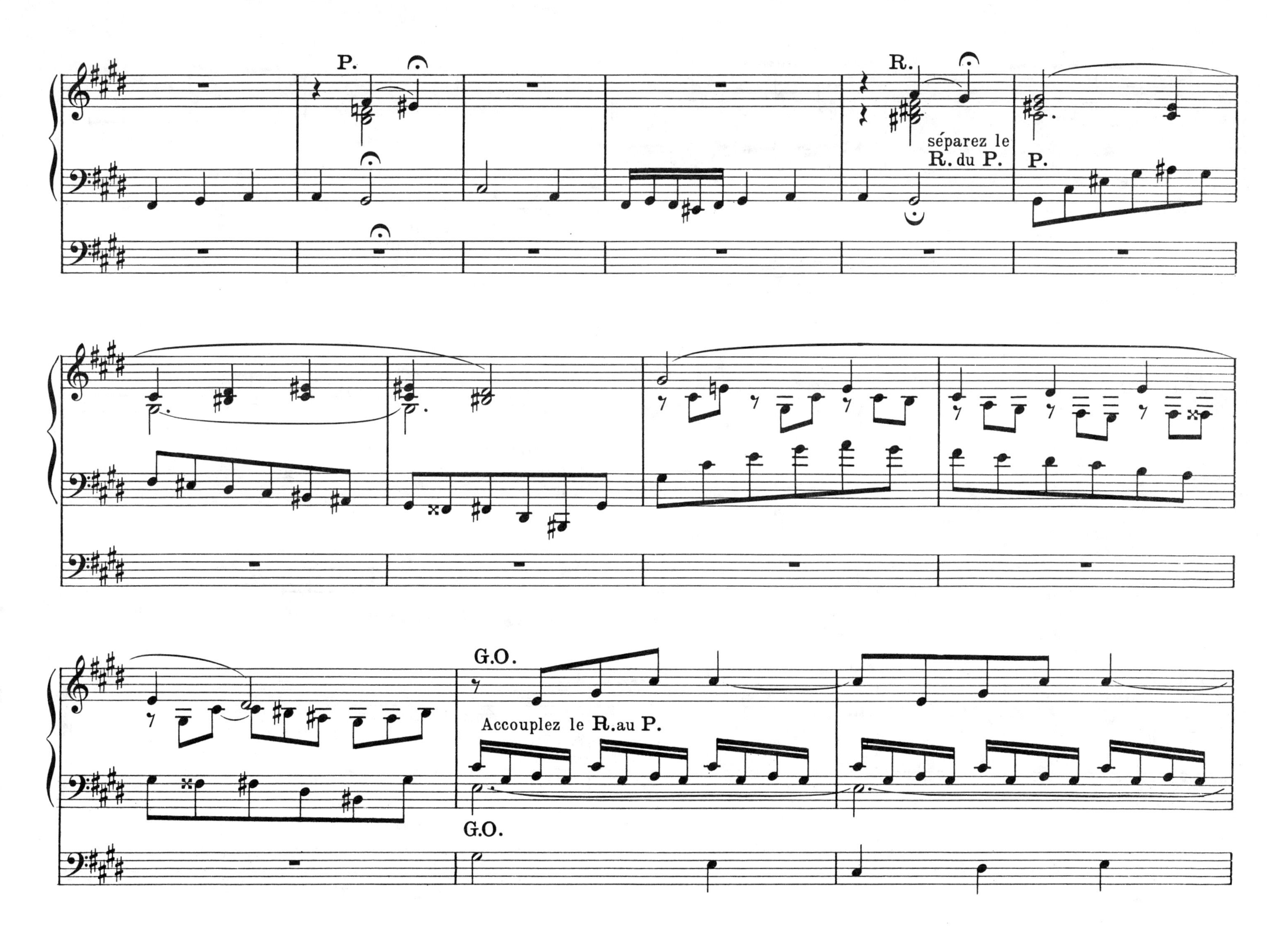
P.
R.
séparez le
R. du P.
P.
G.O.
Accouplez le R. au P.
G.O.

R.
cresc.
f
séparez les
claviers
P. f
supprimez graduellement
quelques jeux au P.
dim.
dim.
p
Rall.
pp
pp
ppp

Final

R. Fonds et Anches de **4**,**8** et **16** pieds.
P. Fonds et Anches de **4**,**8** et **16** pieds; sans prestant.
G.O. Fonds et Anches de **4**,**8** et **16** pieds; sans prestant.
PED. Fonds et Anches de **4**,**8** et **16** pieds.
Claviers accouplés.
Tirasses du **P.** et du **G.O.**

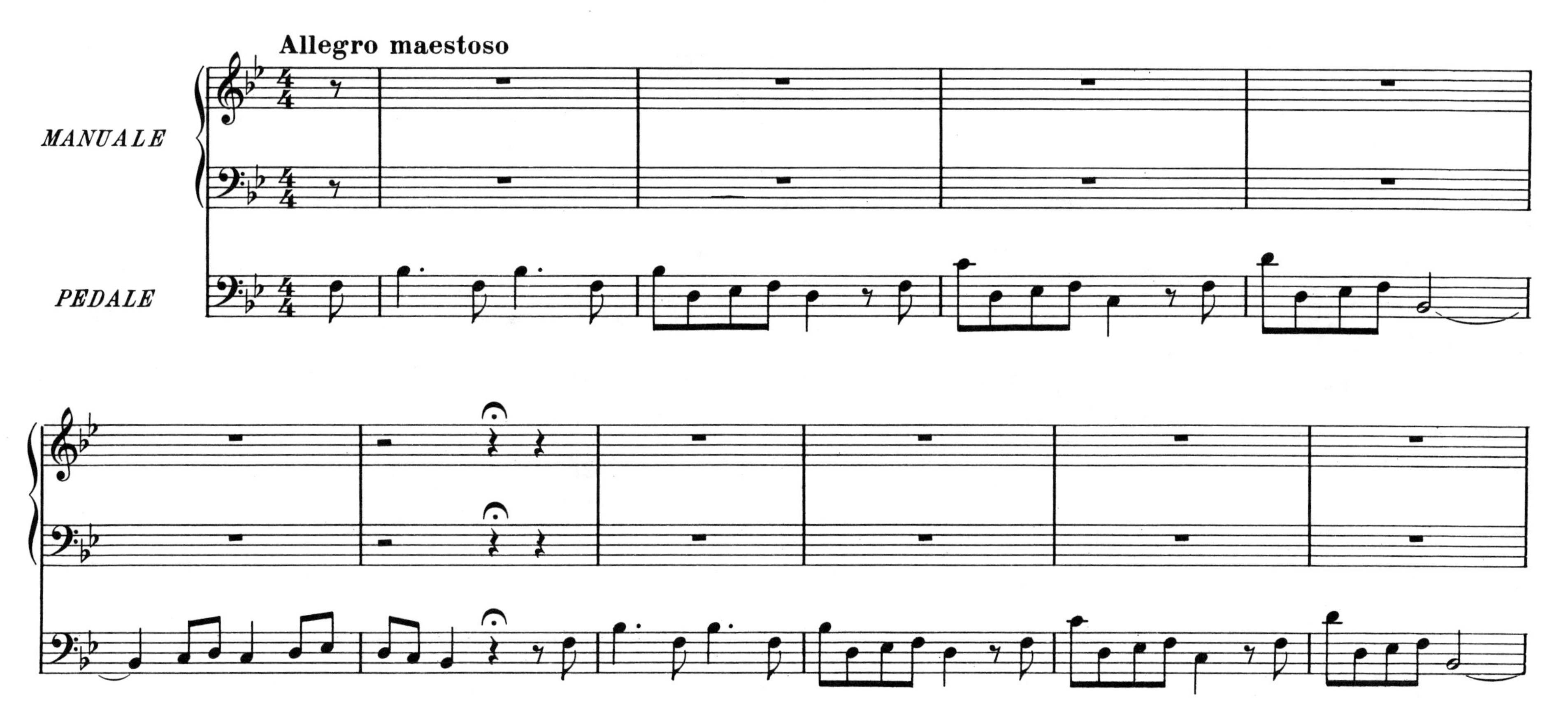

R.
ff
R.
dim.
pp
cresc.
f
dim.
sf
sf

cresc.
ff
Rall.
a Tempo

R.
ff
R.
m.g.
dim.
pp
cresc.

G.O.
f
dim.
p
cresc.
ff
G.O.

m.g.

Otez graduellement les jeux d'Anches aux Ped. au G.O. et au P.
p
cresc.

Poco rall.
f
dim.
P. a Tempo
p
P.
p
R.
pp
R.
Otez l'accouplement du R. au P.
Otez les Tirasses

P.

cresc.
f
R.
dim.
Mettez les tirasses du P. et du G.O.

pp
Accouplez le R. au P.

cresc.
P.
G.O.
fp
cresc.
f
p

G.O.
Anches P.
cresc.
f
Anches G.O.
Anches Ped.

très
long

TROIS PIÈCES
Fantaisie in A major

Récit (R.) Jeux de fonds de 8 pieds. Hautbois, Trompette, Clairon.
Positif (P.) Jeux de fonds de 8 et 16 pieds. (Jeux d'anches préparés)
Grand Orgue (G.O.) Jeux de fonds de 8 et 16 pieds. (Jeux d'anches préparés).
Pédale Jeux de fonds de 8 et 16 pieds. (Jeux d'anches préparés)
Claviers accouplés. Tirasses du G.O. et du P.

ôtez anches R.
R
meno p
molto cresc.
pp
P p
Rall.
a Tempo
mettez anches R.
G.O.

P.
f
p
cresc.
f
dim.

ôtez anches R
ôtez les 16 P. et quelques 8 P. au P.
ôtez quelques 8 P. au G.O.
cresc.

p
molto dolce
poco rinf.
pp
P.
poco rinf.
pp

molto espress.
pp
Rall.
ôtez Hautb. R
mettez voix humaine
R dolce
ôtez les Tirasses
più f
dim.
p

mettez Hautb. R.
ôtez voix humaine
mettez anches R.
ôtez anches R
P mf
poco rinf.
dim.
mf
mettez les Tirasses
ôtez Hautb. R
mettez voix humaine
Rall.
pp
R mf
dim.
p
ôtez les Tirasses

ôtez voix humaine
P.
mettez Hautb.
sempre espress.
mettez Tromp. R
cresc.
f
poco a poco dim.

Molto rall.
Poco animato
Mettez clairon R.
Tous les fonds de 8 et 16 au P. et au G.O.
G.O.
molto cresc.
ff
mettez les Tirasses
1º Tempo
R
f
dim.
p
Poco animato
G.O.
f
cresc.
ff
1º Tempo Désaccouplez le R. du P.
f R ôtez les 16 Pieds et quelques 8 P. au P. molto dim.
p
ôtez les Tirasses

Rall.
ôtez anches R
P.
pp
mettez anches R accouplez R. au P.
remettez tous les fonds de 8 et de 16
G.O. p
molto
cresc.
mettez les Tirasses
Rit.
anches P.
anches G.O.
anches Ped.

Très largement
fff
ou
P

ôtez anches G.O. et P.
ôtez anches Pédales
poco
a poco dim.
p
pp
ôtez anches R. ôtez les 16 pieds et quelques 8 P au P.
ôtez quelques 8 P. au G.O.

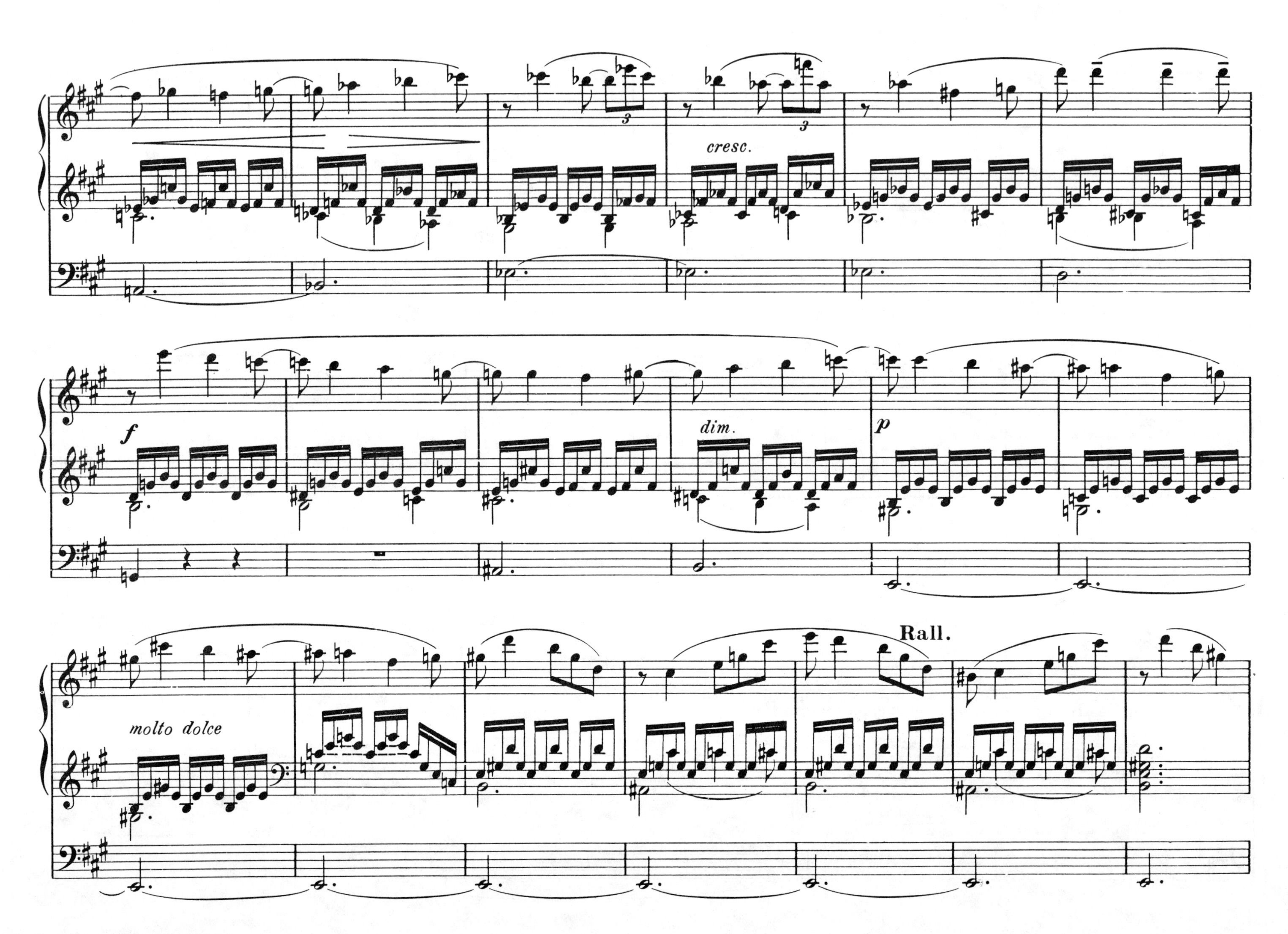
cresc.
f
dim.
p
molto dolce
Rall.

Molto rall.
ôtez Hautb. R. mettez voix humaine
p
meno dolce
ôtez les Tirasses
dim.
Molto rall.
ôtez la Flûte du P.
pp
P.

Cantabile

Récit (**R.**) Jeux de fonds de 8 pieds, Hautbois, Trompette
Positif (**P.**) Jeux de flûte et Bourdon de 8 pieds
Grand Orgue (**G.O.**) Jeux de flûte, Bourdon, Gambe et Montre de 8 pieds
Pedale Jeux de fonds de 8 et 16 pieds. Claviers séparés. Tirasses du **P.**

p
poco a poco cresc.
f
dim.
G.O.
P. p
R. f
G.O.
P.
R. f
dim.
cresc.

più cresc.
f
dim.
mf
dim.
accouplez le R. au P.
pp
cresc.
f
G.O.
dim.
molto sostenuto
p
mettez la Tirasse du G.O.
molto sostenuto

poco a poco cresc.
molto dim.
ff
R.
ôtez l'accouplement du R. au P.
pp
P.
ôtez la Tirasse du G.O.
cresc.
f

dim.
p
ôtez la Tromp. du R.
pp
Rall.

Pièce Héroïque

Récit (R.) Jeux de fonds et jeux d'anches.
Positif (P.) Jeux de fonds de 8 pieds. (Jeux d'anches préparés).
Grand Orgue (G.O.) Jeux de fonds de 8 et 16 pieds. (Jeux d'anches préparés).
Pedale Jeux de fonds de 8 et 16 pieds. (Jeux d'anches préparés).
Accouplement du R. au P. et du P. au G.O. Tirasses du G.O. et du P.

G.O.
P.
mf
p
cresc.
f
dim.
P
G.O.
m.g.
m.d.
cresc.
f
G.O.
mettez les anches P. f

3
ôtez anches P.
toujours G.O.
m.g.
ff
P.
m.d.
m.g.
m.d.
m.g.
m.d.
m.g.
m.d.
dim.
p

cresc.
f
dim.
P.
p
G.O.
dim.
tr

G.O.
cresc.
f
P.
Rall.
dim.
P.
Molto rall.
p
R. fonds 8, Hautb. Tromp.
P. fonds 8 et 16, anches préparées
G.O. Flûte et Bourdon 8 Récit et
Positif accouplés, Gd. O. séparé.
G.O.
mf
p
R.
mf
p
mf

R.
dim.
G.O.
sempre pp
Mettez tous les jeux d'anches du R.
et tous les fonds du G.O.
R.
R.
G.O.
P. accouplez le P. au G.O.
G.O.

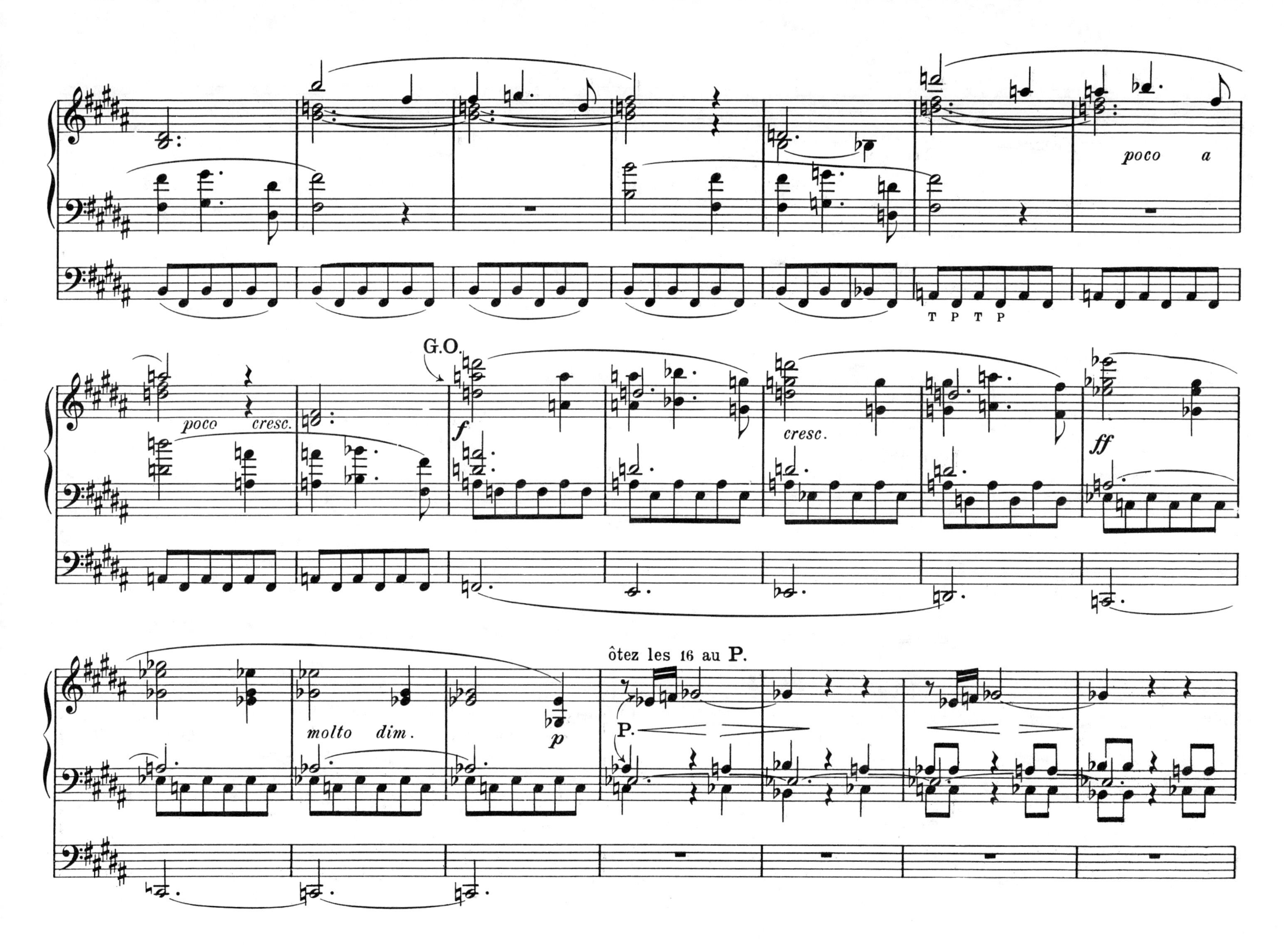
poco a
T P T P
G.O.
poco cresc.
f
cresc.
ff
molto dim.
p
ôtez les 16 au P.
P.

ajoutez les 16 pieds au P.
G.O.
dim.
cresc.
P.
anches P.G.O. et Pédales
f
G.O.
G.O.

Très largement
ff
3
Più lento

Molto rit.

TROIS CHORALS

Choral No. 1 in E major

G.O.
GREAT
3
3
RECIT
SWELL
G.O.
GREAT
cresc.
dim.
pp
RECIT
SWELL

Otez Gambe et Hautbois _
Mettez Voix humaine et Tremblant.
Gamba Oboe in _
Draw Vox humana, tremulant.
cresc.
dim.
cresc.
dim.
pp

RECIT _ Otez Voix humaine _ Mettez fonds de 8, Hautb. et Tromp.
SWELL _ Vox humana in _ Draw foundation stops, Oboe & Trumpet.
cantabile
cresc.
POS. Flûte 8, Bourdon
CHOIR _ Flute and Stop diap. 8
PEDALE _ Flûte 8 et 16
PEDAL _ Flute 8 and 16
dim.
m.d.
POSITIF
CHOIR
più f
RECIT
SWELL
sempre cantabile
3

RECIT
SWELL
POS.
CHOIR
cresc.
RECIT. Otez Trompette et Hautbois
Mettez Voix humaine et Tremblant
SWELL. Trumpet and Oboe in.
Add. Vox humana, Tremulant.
Rall.
f
dim.
RÉC.
SWELL
PEDALE très douce et 32 P.
PEDAL very soft, Stop diap. 32
POSITIF
CHOIR
RECIT
SWELL
POSITIF
CHOIR

RÉCIT
SWELL
POSITIF
CHOIR
POS.
CHOIR
REC.
SWELL
più f
dim.
Rall.
pp
Fonds et Anches de 8 et 16 p. à tous les claviers
Foundation stops and Reeds at all Key boards.
Maestoso
G.O.
GREAT
ff
Rit.

Poco animato
con fantasia
RECIT
SWELL
Largo
G.O.
GREAT
ff
Rit.
Poco animato
RÉCIT f
SWELL
RÉCIT - Jeux de fonds de 8, Hautb. et Tromp.
POSIT. - Flûte et Bourdon de 8
G. O. - Jeux de fonds de 8
PED. - Jeux doux
ôtez l'accoupl.t du Récit
Molto rall.
dim.
p
pp
SWELL - Foundation stops 8 Oboe & Trumpet
CHOIR - Flute and Stop Diap. 8
GREAT - Foundation stops
PEDAL - Soft
swell uncoupled

RECIT
SWELL
POSITIF
CHOIR
p
POSITIF
CHOIR
RECIT
SWELL
POSITIF
CHOIR
RECIT
SWELL
cresc.
dim.
m.d.

RÉCIT
SWELL
più f
Poco animato e
cresc.
Dim. e rall.
Accouplez Recit au Positif, ôtez Tromp. du Recit
Swell to Choir, Swell Trumpet in
POSITIF
CHOIR
G.O.
GREAT
POSITIF
CHOIR
G.O.
GREAT

POSITIF
CHOIR
G.O.
GREAT
POSITIF
CHOIR
G.O.
GREAT
POSITIF
CHOIR

cresc.
Poco rall. e dim.
a Tempo
G.O.
GREAT
5 5
4 2
3 2 1 1 2 1

POSITIF
CHOIR
più f
1 — 1 —
2 — 2
3 4—4 5 3 4

Ajoutez 16 P. au Positif
Choir_ add. 16 Ft
Tirasse Positif et G.O.
Choir and Great to Pedal
Mettez Anches Récit
Swell_Reeds
sempre cresc.

G.O.
GREAT
f
G.O.
GREAT
Dim. e rall.
a Tempo
p
più f
dim.

Poco animato
p
sempre cresc.
Rit.
Mettez Anches Positif
Choir Reeds
Anches G.O.
Great Reeds
tutta
forza

POSITIF
CHOIR
G.O.
GREAT
G.O.
GREAT

Rit.
a Tempo

Choral No. 2 in B minor

INDICATION DES JEUX	RÉCIT Fonds 8, Hautb.: Anches préparées POSITIF Fonds 8 : Anches préparées G.O. Fonds 8 et 16: Anches préparées PEDALE Fonds 8 et 16: Anches préparées Claviers accouplés Tirasse Positif et G.O.		PREPARE	*SWELL: Foundation stops 8, Oboe, Reeds prepared* *CHOIR: Foundation stops 8, Reeds prepared* *GREAT: Foundation stops 8 & 16, Reeds prepared* *PEDAL: Foundation stops 8 & 16, Reeds prepared* *Key boards coupled* *Great and Choir to Pedal*

Maestoso

MANUALE

POSITIF
CHOIR

PEDALE

G.O.
GREAT
Anches du Récit
Swell - Reeds
Anches Positif
Choir - Reeds
cresc.
G.O.
GREAT
Anches G.O.
Great - Reeds

Otez Anches G.O. et Positif _ ôtez 16 P. au G.O.
Great and Choir _ Reeds in _ Great foundation stops 16 in.
cantabile
cresc.
dim.
RÉCIT
SWELL
pp

poco cresc.
dim.
pp
cresc.
G.O.
GREAT
p
cresc.
G.O.
GREAT

dim.
cresc.
RÉCIT
SWELL
dim.
Otez Tirasse G.O. et P.
Pedal uncoupled
poco cresc.

Otez Anches Récit
Swell Reeds in
dim.
pp
Pédale Bourdon 32
Pedal Stop Diap. 32
RÉCIT - Otez Hautb. et Gambe, mettez Voix humaine et Tremblant.
SWELL - Oboe and Gambe in _ Add. Vox humana, Tremulant.
Poco rall.
Otez Voix humaine et Tremblant
Mettez Jeux d'anches à tous les
claviers et jeux de fonds de 16.
Vox humana and Tremblant in.
Reeds at all keyboards with
foundation stops 16.
pp
Otez le 32 P. _ Tirasse G.O. et Positif
32 Ft in. Great and Choir to Pedal

Largamente con fantasia
G.O.
GREAT
ff
p
RÉCIT
SWELL
G.O.
GREAT
RÉCIT
SWELL

non troppo dolce
dim.
cresc.
Dim. e rall.
Otez les Jeux d'anches
à tous les claviers, ôtez
16 P. au Pos. et au G.O.
All Reeds in. Great and
Choir foundation stops
16 Ft. in.
1° Tempo ma un poco meno lento
POS.
CHOIR
p

Anches Récit
Swell-Reeds
cresc.
G.O.
GREAT
Mettez les fonds de 16 au Positif et au G.O.
Great and Choir foundation stops 16.

cresc.
sempre cresc.
Anches Positif
Choir_ Reeds
POSITIF
CHOIR
Anches G.O.
Great Reeds
G.O.
GREAT

Otez Anches G.O.
GREAT Reeds in
dim.
Otez Anches POS.
CHOIR Reeds in
dim.
POSITIF
CHOIR
G.O.
GREAT

cresc.
Ajoutez Anches POS.
CHOIR Reeds
Ajoutez Anches G.O. et Anches PED.
Great and Pedal Reeds
G.O.
GREAT

Otez Anches G.O.
et Anches Ped.
Great and Pedal
Reeds in.
Molto rall.
Otez Anches
Positif
Choir Reeds in
Otez Anches Récit
Swell Reeds in.
RÉCIT_ Tremblant
SWELL_ Tremulant
pp
PED. Jeux très doux
PED. Very soft
Rall.
pp

Choral No. 3 in A minor

INDICATION DES JEUX
Jeux de fonds et Jeux d'anches
de 8 p. à tous les claviers
Claviers accouplés
PEDALE Jeux de fonds et Jeux d'anches
de 8 et 16 p. Tirasse G.O.

PREPARE
Foundation Stops and Reeds 8 Ft.
at all Keyboards
All Keyboards coupled
PEDALS Foundation stops and Reeds 8 & 16 Ft.
Swell Choir and Great to Pedal.

Quasi allegro

MANUALE

G.O.
GREAT

ff

PEDALE

Largamente

Largamente
Più largamente

Quasi allegro
Ajoutez Jeux de fonds de 16 p. ôtez Anches G.O.
Add foundation stops 16 f. Great, Reeds in
Rit.
dim.
Otez Anches Positif
Choir Reeds in
dim.
Otez Jeux de fonds de 16 p.
Foundation stops 16 ft. in
RÉCIT
SWELL
mf

pp
mf
mf
pp
p
POSITIF
CHOIR

RÉCIT
SWELL

sempre p
molto cresc.
f
dim.
pp
p
POSITIF
CHOIR

cresc.
dim.
pp

RÉCIT_ Jeux de fonds 8 p. Hautb. Tromp.
SWELL _ Foundation stops 8 ft Oboe Trump.
Adagio
cresc.
POSITIF_ Flûte et Bourdon 8 p.
CHOIR_ Flûte & Stop. Diap. 8
dolce espress.
PEDALE Jeux doux
PEDAL Soft
più f
molto espress. e dolce
molto cresc.

pp
cresc.
più f
dim.
Rall.

Otez Tromp. du Récit
Swell Trumpet in
a Tempo
RÉCIT
SWELL
Ajoutez q.q. jeux de fonds de 8 au Positif
Choir add. foundation stops 8 ft.
POS. CHOIR
G.O. Jeux de fonds de 8 p. Claviers accouplés
GREAT. Foundation stops 8 ft. All keyboards coupled
RÉCIT
SWELL
PED. moins douce
PED. less soft
POSITIF
CHOIR
RÉCIT
SWELL
POSITIF
CHOIR

G.O.
GREAT
Tirasses
All keyboards to Pedal
m.g.
Ajoutez Anches Récit
Swell: Reeds
sempre cresc.

Anches Positif et fonds de 16 p.
Choir Reeds and foundation stops 16 ft
Molto rit.
Anches G.O. et Anches Ped.
Great Reeds _ Pedals Reeds
Molto slargando
G.O. et POSITIF_ Otez Anches
et fonds de 16 p.
GREAT and CHOIR_ Reeds and
foundation stops 16 in
Otez Anches Pedale
Pedals Reeds in
molto dim.
Le double plus vite (Mouvt du commencement)
POS.
CHOIR
pp

G.O.
GREAT
pp
POSITIF
CHOIR

molto cresc.
G.O.
GREAT
G.O. Anches positif
GREAT Choir Reeds
Anches G.O. Anches Pédale
Great and Pedals Reeds

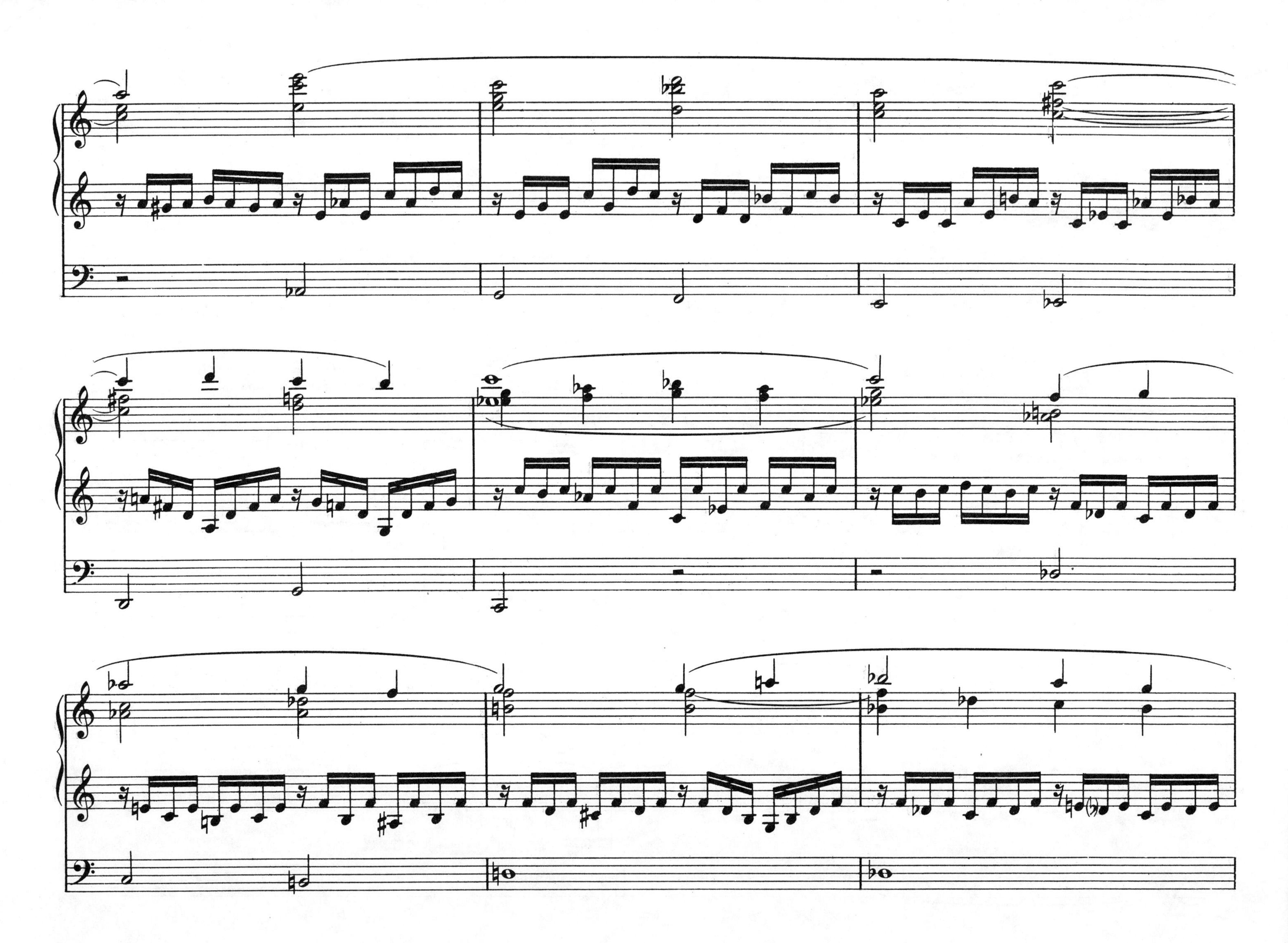

Rit.